Juan Ruiz de Alarcón

La prueba
de las promesas

Barcelona **2024**
Linkgua-ediciones.com

Créditos

Título original: La prueba de las promesas.

Sumario

Brevísima presentación

La vida
Juan Ruiz de Alarcón y Mendoza (1581-1639). México.
Nació en México y vivió gran parte de su vida en España. Estudió leyes y escribió sobre la vida cotidiana.

Don Mendo, doña Ana, Beltrán y el Conde aparecen en otras obras de Ruiz de Alarcón como Las paredes oyen, El examen de maridos, El tejedor de Segovia, Los pechos privilegiados, Ganar amigos y La verdad sospechosa.

Personajes

Chacón, criado
Don Enrique, galán
Don Illán, viejo grave
Don Juan, galán
Doña Blanca, dama
Dos criados
Lucía, criada
Pérez, escudero
Tres pretendientes
Tristán, gracioso
Un Caminante
Un Paje

Jornada primera

(Salen don Illán y Blanca.)

Illán
De las desventuras largas,
los bandos, muertes y daños
que han durado tantos años
entre Toledos y Vargas,
    quiere el cielo soberano
que el alegre fin se vea,
querida Blanca, y que sea
el medio de paz tu mano.
    Don Enrique, la cabeza
de los Vargas —¡qué ventura!—
vendernos la paz procura
aprecio de tu belleza.
    Solo, hija, falta aquí,
para fin de tantos males,
que entre esos finos corales
se forme un dichoso sí.
    ¿Qué te suspendes? Comienza
a responderme. ¿Qué es esto?
Si es que de tu estado honesto
te enmudece la vergüenza,
    con tu padre sola estás,
donde perdonarte puedes
lo que a tu costumbre excedes
por el gusto que me das.
    Más virtud es, Blanca hermosa,
en este caso presente
responder por obediente
que callar por vergonzosa.

Blanca
La novedad de ese intento

imposible me parece;
y así, la lengua enmudece
lo que admira el pensamiento;
 que esto en suceso tan vario,
padre y señor, es forzoso,
si en un punto miro esposo
al que agora vi contrario.
 ¿Cómo no estaré turbada,
suspensa y enmudecida,
si con la mano convida,
que aun no ha envainado la espada?

Illán
 Eso no debe, admirarte;
que no es ésta, según creo,
la primer vez que himeneo
aplacó el furor de Marte.

Blanca
 Ya que yo no he de admirarme,
tú al menos has de mirar
que de aborrecer a antar
no es tan fácil el mudarme.
 Y así, si darme marido,
y no enemigo, deseas,
por quien sin vida me veas
término, señor, te pido
 en que con el pensamiento
de que soy de él estimada,
de la enemistad pasada
pierda el aborrecimiento.

Illán
 Presto le querrás, si adviertes
que es poderoso y galán,
y que estas bodas serán
remedio de tantas muertes

que eres pobre, y tu beldad
sola conquista su amor;
que éste es el medio mejor
de mover la voluntad;
   que ni yo quiero, ni es justo,
casarte con tu enemigo.

Blanca   La mayor fuerza conmigo
será ser ése tu gusto.

(Vase doña Blanca.)

Illán   Pues tan provechoso intento
resistencia tal ha hallado,
otro amoroso cuidado
ocupa su pensamiento.
   Pero remediarlo espero.
¡Lucía!

(Sale Lucía.)

Lucía   ¿Señor...?

Illán   Advierte
Que hoy mi buena o mala suerte
poner en tus manos quiero.
   La palabra me has de dar,
a ley de mujer honrada,
de que no negarás nada
de lo que he de preguntar;
   que yo la doy desde aquí
del galardón que quisieres
y que lo que me dijeres
no saldrá jamás de mí.

Lucía	Donde el servirle es tan justo,
	de tus promesas me ofendo,
	porque en ello no pretendo
	más premio que darte gusto.
	Seguro de mi verdad
	pregunta; que te prometo
	que en mi pecho no hay secreto
	que te niegue mi lealtad.
Illán	Sabe pues, hija Lucía,
	que Blanca me da cuidado;
	que es tiempo de darle estado,
	y para hacerlo querría
	saber de ti, pues mejor
	de nadie informarme puedo,
	que galanes de Toledo
	solicitan su favor,
	y a cuál tiene inclinación
	de todos Blanca; que es justo
	que se haga con su gusto,
	si puede ser, la elección.
Lucía	Señor, quererte contar
	los que su amor atormenta,
	será reducir a cuenta
	las arenas de la mar.
	De todos pues, te diré
	dos solamente, que son
	los de más estimación
	y en quien más amor se ve.
	Uno es don Juan de Ribera,
	y don Enrique de Vargas
	es el otro; y pues me encargas

que el que en su pecho prefiera
   te declare, me parece,
si son de pasiones tales
pregoneras las señales,
que a don Enrique aborrece
   y a don Juan tiene afición;
aunque, si digo verdad,
con su mucha honestidad
reprime su inclinación;
   y así, don Juan hasta agora
se tiene por desdichado,
porque jamás ha alcanzado
un favor de mi señora.
   Esto es, señor, lo que sé;
y piensa que si supiera
más, también te lo dijera.

Illán   Bien cierto estoy de tu fe;
                  y pues que tan de mi parte
               en este caso te veo,
               te diré lo que deseo.

Lucía   Bien puedes de mí fiarte.

Illán   Yo confieso que don Juan
               es muy deudo del Marqués
               de Tarifa, y digo que es
               rico, discreto y galán,
                  y que tuviera mi hija
               en él venturoso empleo;
               mas con todo, mi deseo
               es que a don Enrique elija;
                  que demás de que no tiene
               menos partes que don Juan

de rico, noble y galán,
esto a la quietud conviene,
   porque la paz se concluya
de disensiones tan largas
entre Toledos y Vargas,
por ser él cabeza suya;
   y así, tú de aquí adelante
encamina su intención,
haciendo en su ejecución
cuanto juzgues importante.
   Habla bien con Blanca de él,
y ocasiones facilita
en que le escuche, y admita
ya el recado, ya el papel,
   para inclinar a su amor.
Mas ve con tiento, y advierte
que ha de ser esto de suerte
que no peligre mi honor.
   Los medios ordenarás
por el fin que se pretende.

Lucía   Bien sé hasta dónde se extiende
la licencia que me das.

Illán   Y si se ofrece tratar
de don Juan, ponle defetos
importantes y secretos,
porque no pueda probar
   lo contrario; y verás luego
como en un término breve
se trueca en fuego la nieve,
y en nieve se trucea el fuego.

Lucía   Yo espero hacerlo de modo

	que alcance lo que pretendo.
Illán	Como fuere sucediendo,
	me ve avisando de todo;
	que el día que tenga efeto
	esta intención, ese día
	cincuenta doblas, Lucía,
	en albricias te prometo.
Lucía	Pues, perdóneme don Juan,
	y da el negocio por hecho;
	que tantas doblas ¿qué pecho
	de bronce no doblarán?

(Vanse. Salen don Juan y Tristán.)

Tristán	Con una traza sospecho
	que tendrás tiempo y lugar,
	señor, para conquistar
	de Blanca el esquivo pecho.

Juan	Dila; que si es provechosa,
	con extremo lo serán
	tus albricias.

Tristán	Don Illán,
	padre de tu prenda hermosa,
	estudia con gran cuidado
	La magia y nigromancía.
	De su criada Lucía,
	con quien de amores he andado,
	lo he sabido; que en efeto
	es mujer y me ha querido
	y como es niño Cupido,

no sabe guardar secreto.
　　Paréceme que fingir
que sabes la magia fuera
un medio que te pudiera
por su amigo introducir;
　　y una vez introducido,
te sobrarán ocasiones
de lograr tus pretensiones.

Juan　　　　Traza como tuya ha sido.
　　Si él en esa profesión
es docto, y yo no la sé,
di necio, ¿cómo podré
salir con esa invención?
　　En sabiendo que mentí
y le engañé, ¿no es forzoso
tenerme por sospechoso
y recelarse de mí?

Tristán　　　　Recibe mi buen intento.

Juan　　　　No estoy desagradecido,
porque no del todo ha sido
inútil tu pensamiento;
　　que el decirme que ha estudiado
don Illán nigromancía,
me ha dado extraña alegría,
porque tan aficionado
　　he sido siempre a sabella,
que sin duda alguna creo
que en mi pecho este deseo
iguala al de Blanca bella;
　　y así, dos fines intento
con solo un medio alcanzar.

Tristán	¿Cómo?

Juan

       De ti he de fiar,
Tristán, este pensamiento,
   pues tanto tiempo has tenido
de mi secreto las llaves,
y de mil sucesos graves
mudo depósito has sido.
   Ven; que te quiero decir
a lo que resuelto estoy.

Tristán

Ya sabes que piedra soy
en el callar y sufrir.

(Vanse. Salen Lucía, don Enrique y Chacón.)

Lucía

       Éste es, señor, el estado,
ésta la nueva que puedo
daros de vuestro cuidado.

Enrique

   De don Illán de Toledo
la voluntad me ha obligado,
   si bien puedo presumir
que la finge por cumplir
conmigo, y que allá en secreto,
para que estorbe su efeto,
sabe a Blanca persuadir.

Lucía

   La pasada enemistad
desacreditar pudiera
el deseo y voluntad
de don Illán, si no fuera
testigo de su verdad

el desdén que antes de agora
doña Blanca, mi señora,
mostró siempre a vuestro amor;
mas porque de mi señor
no penséis que falso dora
con aparente afición
secreto aborrecimiento,
yo tengo de él comisión
para ayudar vuestro intento
hasta ver su ejecución;
y así, Enrique, ved qué oficio,
qué invención o qué artificio,
qué exceso queréis que haga
con que de esto os satisfaga,
que importe a vuestro servicio.

Enrique   Solamente en cumplimiento
de lo que ofreces, intento
que me des tiempo y lugar
en que a solas pueda hablar
a quien causa mi tormento.

Lucía   ¡A solas!

Enrique   Sí: ¿qué temor
te acobarda?

Lucía   Yo he de hacer
de suerte, por vuestro amor,
que riesgo no ha de correr
de doña Blanca el honor.

Enrique   Pierda la vida al momento
que tan atroz pensamiento

tenga en mi pecho lugar.
Solo la pretendo hablar
y decirle el mal que siento;
   y porque crédito des
a esta verdad, y se vea
que otra mi intención no es,
quiero que en su casa sea,
y que tú con ella estés.

Lucía   Eso lleva más camino,
y serviros determino.

Enrique   Pues comiénzalo a trazar.

Lucía   Bien fácil es de alcanzar
con el medio que imagino.

Enrique   Habla, pues; ¿qué te detiene?

Lucía   En el estudio os entrad
de don Illán.

Enrique   ¿Y si él viene?

Lucía   A mi cargo lo dejad.
Demás que el estudio tiene
   mesas, estantes, cajones,
que dan ocultos rincones.
Y advertid que mi señora
no sepa que soy la autora
que ayuda estas pretensiones.

(Vase.)

Enrique

> Entra conmigo Chacón;
> que importa tu compañía,
> si hay peligro en la ocasión.

Chacón (Aparte.)

> (El favor perdonaría;
> que recelo una traición.)

(Vanse. Salen doña Blanca y Lucía.)

Blanca

> Amiga Lucía,
> ya triste no puedo
> encubrir las llamas
> de mi loco incendio.
> Mientras no soplaban
> contrarios intentos,
> oculto en cenizas
> reposaba el fuego;
> mas ya la violencia
> de enemigos vientos
> descubrió la brasa,
> encendió el deseo.
> Sabe que mi padre,
> Quiere... —ioh, santos cielos,
> esta triste vida
> me quitad primero!—
> ...quiere a don Enrique
> darme en casamiento,
> contrario a mi sangre,
> y a mi gusto opuesto,
> siendo —iay desdichada!—
> de mis pensamientos
> don Juan de Ribera
> el único dueño.
> Porque se conformen

los bandos sangrientos
de los dos linajes
Vargas y Toledos,
tan a costa mía
se ha trazado el medio,
que ha de ser mi gusto
víctima del pueblo.
Mira mis desdichas,
siente mis tormentos;
o afila un cuchillo,
o traza un remedio.

Lucía   Señora, en mi pensamiento
halla justa resistencia
el faltarte la paciencia,
sobrándote entendimiento.
   De la Fortuna el rigor
prueba el pecho valeroso,
porque en el tiempo dichoso
vive dormido el valor.

Blanca   Amor es niño, y no tiene
sufrimiento en sus antojos.

Lucía   Di que como está sin ojos,
no ve lo que le conviene;
   que yo sé que si un momento
te deja abrir la pasión
los ojos de la razón,
has de mudar pensamiento.

Blanca   ¡Qué dices! ¿Estás en ti?
Pues don Juan, ¿no me está bien?
Conjúraste tú también

con mí padre contra mí?
   Dime, ¿no eres tú quien de él
tantas gracias me ha contado,
y quien darme ha procurado,
ya el recado, ya el papel?
   Pues ¿cómo agora me das
consejo tan diferente?
Di, ¿de qué nuevo accidente
tan presto mudada estás?

Lucía
   Yo te confieso que he sido
quien procuró tu favor
para don Juan, y a su amor,
señora, te he persuadido;
   mas fue porque no sabía
lo que he sabido después,
que a la mudanza que ves
me ha obligado.

Blanca
        ¿Y es, Lucía?

Lucía
    ¿Mandas que lo diga?

Blanca
        Sí .

Lucía
¿Has de enojarte?

Blanca
      No haré.

Lucía (Aparte.)
(El cielo favor me dé,
que van las doblas aquí.)
   Bien conoces a Tristán.

Blanca
Sí conozco.

Lucía	Y has sabido que él el mensajero ha sido de las penas de don Juan.
Blanca	Sí.
Lucía	Pues él, en puridad hablando conmigo ayer, desesperando de ver amansada, tu crueldad, como siempre tan terrible te has mostrado a su porfía, dijo: «En efeto, Lucía, ¿esta empresa es imposible?». Yo le respondí: «Tristán, según lo que he visto, infiero que alcanzará al Sol primero que a mi señora, don Juan». Entonces cabeceó Tristán, y dijo: «¡Qué fuera si doña Blanca supiera los secretos que sé yo!». Yo, que récele tu mal con esto, empecé a tener curiosidad de mujer y cuidado de leal, y le dije: «Por mi vida, que los digas; que prometo que te guardaré secreto, y te seré agradecida». Él, que obligarme quisiera, porque, si dice verdad, reino yo en su voluntad,

me dijo de esta manera,
«Sabe pues que aunque don Juan,
mi señor, en lo que ves,
de la cabeza a los pies
es tan bien hecho y galán,
no es oro todo, Lucía,
lo que reluce, y secretos
padece algunos defetos,
que solo de mí confía;
y pues de ello gustas, ¿ves
aquel hilo de sus dientes
tan blancos y transparentes?
Pues son postizos los tres.»

Blanca   ¡Jesús!

Lucía   «Pues en esta parte
—dijo—, no perdiera nada,
puesto que a la vista agrada,
como la verdad, el arte;
mas es el daño mayor,
e insufrible, a lo que entiendo,
que la falta y el remiendo
son causa de mal olor.»

Blanca   ¡Qué gran falta!

Lucía   ¡Para ti,
que tu vicio es oler bien!

Blanca   Grandes engaños se ven.

Lucía   Pues, ¡las piernas!... Oye.

Blanca	Di.

Lucía   Dice —iextrañas maravillas!—
que cañas las conoció,
y sin milagro les dio
San Felipe pantorrillas.
    Con esto, señora, he hecho
lo que tengo obligación;
si con todo, su afición
viviere en tu hermoso pecho,
    en albricias te daré
encaminar tu cuidado;
que sabe Dios que he forzado
mi voluntad por tu fe;
    que mi deseo mayor
es que quieras a don Juan;
que yo también a Tristán
—y perdona— tengo amor.

Blanca   iAy! iQué de nieve ha llovido
sobre el amor en que ardí!

Lucía   iAy! iCómo yo lo temí,
y excusarlo no he podido!
    Mas don Juan es éste.

Blanca   iAy cielo!
iSaltos me da el corazón!

Lucía (Aparte.)   (Plegue a Dios que mi invención
no dé con todo en el suelo.)

(Salen don Juan y Tristán.)

Tristán	Blanca está aquí.
Juan	¡Qué ventura!
Tristán	Tu traza verás lograda, pues que te ofrece a la entrada tan dichosa coyuntura.
Juan	Hermoso dueño mío, por quien sin fruto lloro, pues cuanto más te adoro, tanto más desconfío de vencer la esquiveza que intenta competir con la belleza, la natural costumbre en ti miro trocada; lo que a todas agrada, te causa pesadumbre; el ruego te embravece, Amor te hiela, llanto te endurece. Belleza te compone divina, no lo ignoro, pues por deidad te adoro; mas, ¿qué razón dispone que perfecciones tales rompan los estatutos naturales? Si a tu belleza he sido tan tierno enamorado, si estimo despreciado y quiero aborrecido, ¡qué ley sufre o qué fuero que me aborrezcas tú porque te quiero?
Blanca (Aparte.)	(¿Qué haré, cielo divino,

luchando en mi deseo
perfecciones que veo
con faltas que imagino?
¿Posible es que un defeto
pueda caber en tan galán sujeto?)

Lucía (Aparte.)   (Blanca está enternecida
remediarlo conviene.)
Tu padre, Blanca, viene.

Blanca   ¡Triste! ¡Yo soy perdida!

Juan   No importa; que yo tengo
un negocio con él. A hablarle vengo.

Lucía   Pues pasa tú, señora,
al estudio a esconderte.

Blanca   Bien dices.

Juan   ¡Dura suerte!
De quien firme te adora
te acuerda, gloria mía.

Blanca   Sí haré

Lucía   Tristán, adiós.

Tristán   Adiós, Lucía.
(Vanse las dos.)   Sí haré, dijo. Bien se ha hecho

Juan   Ya la Fortuna se muda.

Tristán   Hoy has salido, sin duda,

de casa con pié derecho:
mas ya sale don Illán.

(Sale don Illán.)

Juan Vuestras nobles manos beso,
Señor don Illán.

Illán   ¿Qué exceso
es éste, señor don Juan?

Juan   Esto es hacer lo que debo;
que si es nuevo el visitaros,
el ser vuestro y desearos
servir, sabéis que no es nuevo.

Illán   Excusad el cumplimiento;
que si tenéis que mandarme,
no agradezco el dilatarme
nueva de tanto contento.

Juan   Ya el buen efeto adivino
de mi intención, pues viniendo
a pediros, ofreciendo
me habéis salido al camino;
 y así, pues vos me animáis,
no recelo el declararme.

Illán Seguro podéis mandarme.
(Aparte.) (Como a Blanca no pidáis.)

Juan   Ya, señor, habréis sabido
la inclinación y amistad
que desde mi tierna edad

a las letras he tenido.
    Trabajos, penas y daños
por saber no perdoné.
Tantas ciencias estudié
cuantas permiten mis años,
    solo, por no haber hallado
quien me dé preceptos de ella,
entiendo menos de aquella
que enciende más mi cuidado.
    Ésta es la nigromancía,
en que sé que sois tan diestro,
que teneros por maestro
el mismo Merlín podría.
    Esta intención me ha traído
a buscaros. Yo sé bien
que os pido mucho, y también
sé que nada os he servido;
    mas a las sangres famosas
tocan difíciles hechos,
y a los generosos pechos
se han de pedir grandes cosas.
    Y vuestras pruebas estoy
cierto de que han de obligaros,
y el ver que podéis fiaros
de mí, pues sabéis quien soy.

Illán

    Don Juan, no os quiero negar
que sé el arte; que usar de ella
es culpa, mas por sabella
a nadie vi castigar;
    mas puesto que entrambos fueros,
como sabéis, han vedado
el enseñarla, excusado
quedaré de obedeceros;

que al amigo, pienso yo
que han de pedirse las cosas
grandes y dificultosas,
mas las ilícitas no;
que aunque sois tan caballero,
y obligarme pretendéis,
quizá vos mismo seréis
el que me culpe primero;
que cualquier delito nace
con tal fealdad y tal pena,
que aquel mismo le condena
a cuya instancia se hace.

Juan   Basta ya; que estoy corrido
de vuestro injusto temor.
En hombres de mi valor,
¿qué ingratitud ha cabido?
¡Ojalá venga ocasión
en que os muestre la experiencia
La honrada correspondencia
de este hidalgo corazón!
Que, don Illán, ¡vive Dios,
que he de sentir yo primero
los golpes del duro acero
que las amenazas vos!
Demás de que mostrar miedo
del castigo es no querer.
¿Qué juez se ha de atrever
a don Illán de Toledo?
No por injustos recelos
de enseñarme os excuséis;
que si tal merced me hacéis
testigos hago a los cielos
de esta palabra que os doy,

que siempre vuestra ha de ser
mi hacienda, vida y poder,
cuánto valgo y cuánto soy.

Illán
    Vencido de vos me veo.
Forzoso es, don Juan, serviros,
y a cualquier precio cumpliros
un tan ardiente deseo.

Juan
    Los pies, don Illán, os pido.

Illán
    Levantad; que me ofendéis.
Mirad que no os olvidéis
de lo que habéis prometido.

Juan
    Mi valor y calidad
habré entonces olvidado.

Illán
Con el aumento de estado
y la mudanza de edad,
    más de alguno conocí
que la memoria perdió.

Juan
Si el mundo mandare yo,
vos me mandaréis a mí.
    Y estos no son cumplimientos,
sino veras de mi fe.

Illán (Aparte.)
(Presto la verdad veré
de vuestros ofrecimientos.)
    De esto que hago por vos,
el secreto es excusado
encargaros.

Juan	Si un pecado
	es el que hacemos los dos,
	siendo igual el riesgo mío,
	por el que tengo callara,
	si el vuestro no me obligara.
	Solo mis secretos fío;
	que es bien trataros verdad,
	pues tanta merced me hacéis,
	de este criado que veis,
	que desde mi tierna edad,
	en Salamanca estudiante,
	y en otras partes después,
	de graves sucesos es
	un sepulcro de diamante.
	Mas no penséis que bastara
	el conocer su sujeto
	solo para que el secreto
	de este caso le fiara,
	si no me fuera forzoso,
	por ser él el instrumento
	por quien consigo este intento,
	de que estoy tan deseoso.
Illán	Pues ¿cómo?
Juan	Porque él también
	es a la magia inclinado,
	y sabiendo mi cuidado,
	no sé por dónde o de quién
	tuvo noticia que vos
	la sabéis, y me dio el punto.
Illán (Aparte.)	(Los oráculos barrunto
	que os instruyen a los dos.

Por Blanca, que os quiere bien,
mis archivos penetráis.)
Pues de él vuestro honor fiáis,
yo puedo hacerlo también.

Juan   Besa al señor don Illán
los pies por tanta merced.

Tristán   Yo os los beso; mas creed
que aunque es sirviente Tristán,
  es al menos bien nacido;
y esto a mi crédito sobra;
que en cualquier tiempo la obra
a su dueño ha parecido.

Illán   En mi estudio pues entrad
mis libros os mostraré.

Juan   Vamos.

Illán (Aparte.)   (Presto probaré
tu secreto y tu verdad.)

(Sale un Paje.)

Paje   Agora entró en el zaguán
el potro de Andalucía
que a Madrid tu hermano envía.

Illán   Bajémosle a ver, don Juan;
  que el estudio veréis luego.

Juan   Vamos.

Illán

Por su ligereza,
por su ardor y su belleza
le llaman «Hijo del fuego».

(Vase don Illán.)

Tristán

Vender puedes alegría.

Juan

Ya lo toco y no lo creo.
Dos cosas que más deseo
se me cumplen en un día;
    que Illán la magia me enseña,
y Blanca me hace favor.

Tristán

Si yo salgo encantador,
no dejo a vida una dueña.

(Vanse. Sale Blanca, huyendo de don Enrique; Lucía y Chacón.)

Blanca

¡Ay de mí! ¡Traición!

Enrique

Señora,
si el adoraros lo ha sido,
la mayor he cometido.
Nadie como yo os adora.

Blanca

Dejad lisonjas agora;
que la cabeza... ¡Ay de mí!
El bando contrario aquí
a darnos la muerte entró.

Enrique

A daros la muerte no,
a buscar la vida sí.

(A Lucía.)

Blanca   Llama á mi padre.

Enrique   Si darme
la muerte, Blanca, queréis,
con solo un rayo podéis
de vuestros ojos matarme.

Blanca   El hielo intenta abrasarme.
¿Cuándo entrasteis? ¿Cómo, o quién
os dio la traza?

Enrique   Mi bien,
buscando vuestro favor,
abrió la puerta mi amor,
que cierra vuestro desdén.
  Solicitando, señora,
esta ocasión que ha querido,
de mis males condolido,
ofrecerme el cielo agora.
Este pecho, que os adora,
rompió las dificultades
de bandos y enemistades;
que si me arriesgo a morir,
¿qué más morir que sufrir,
amando, vuestras crueldades?

(Al oído a don Enrique.)

Lucía   ¿Agora gastas razones,
cuando te ofrece el cabello

(Aparte.)   la Ocasión? Llega. (Que en ello
me van cincuenta doblones.)

Eso sí.

Blanca

      Si te dispones,
grosero, a descomponerte,
llamaré a mi padre, advierte.

Enrique

      Venga; que hoy tendrá mi amor,
o de tus manos favor,
o de las suyas la muerte.

(A doña Blanca.)

Lucía   Él está loco sin duda.
(A don Enrique.)   ¿Qué es esto? Suelta, desvía.

Enrique

      Cuanto crece, gloria mía,
.... [-uda].
.... [-uda];
más vuestro rigor cruel.
Tanto más me abraso en él.

Blanca   Ardo en rabia.

Enrique   Yo en amor.

Lucía   ¡Triste de mí! Mi señor.

Blanca   ¿Mi padre?

Lucía   Y don Juan con él.

Blanca   ¡Ay cielo! Escóndete presto,
Enrique, tras un estante.

Enrique	No temas.
Blanca	De fiel amante me darás indicio en esto. Mira que mi estado honesto opinión puede perder, y sin mi culpa caer torpe nota en la honra mía.
Enrique	Si esconderme es cobardía, es fineza obedecer.
Chacón	Sí, señor; que a toda ley, en ocasión tan estrecha, no hay cosa como evitar escrúpulos de conciencia.

(Retíranse al paño. Salen don Illán, don Juan, Tristán y Pérez.)

Illán	¿Qué os dice el Hijo del fuego?
Juan	Que echó en él naturaleza cuanto su saber alcanza y cuanto pueden sus fuerzas.
Illán	Desde Córdoba lo envía mi hermano, que lo presenta en la corte a cierto amigo.
Juan	Darse al rey mismo pudiera, y más si acaso las obras con el talle se conciertan.
Illán	Probémosle, si os agrada.

Juan	Mi voluntad es la vuestra.
Illán	Mientras el señor don Juan ve mis libros, adereza, Pérez, el Hijo del fuego.
Pérez	¿Qué aderezo?
Illán	De jineta.
Pérez	Voy, señor.

(Vase.)

Illán	Avisa luego que aderezado le tengas.

(Hablan aparte doña Blanca y Lucía.)

Blanca	Por no dar a don Juan celos le rogué que se escondiera.
Lucía (Aparte.)	Bien has hecho, que no es justo, Aunque tantas faltas tenga, Pagar mal su amor. (Con esto la obligo a acordarse de ellas.)
Illán	¿Aquí estás, Blanca?
Blanca	Ya sabes, señor, que más me deleitan tus libros que mis labores.

Juan (Aparte.)   (¡Ay, soberana belleza!
¡Pimpollo, al fin, de tal árbol.)
Con la hermosura y la ciencia
quitaréis, Blanca divina,
la adoración a Minerva.

Illán   A Blanca le falta todo.
Dejad de desvanecerla,
y a los libros atended.
Los autores y materias
Sus títulos os dirán.

Juan   Verlos quiero.

(Mira libros.)

Tristán   Aquí comienzan
tus gustos.

Illán   Oye, Lucía.

(Háblale aparte. Tristán habla aparte con don Juan.)

Tristán   ¡Aquí está Merlin! ¡Qué pieza!
Con gran cuidado te mira
doña Blanca.

Juan (Aparte.)   (¡Ay dulce prenda!)

Lucía   Esto ha pasado. Él está
tras un estante.

Illán (Aparte.)   (Hoy mi ciencia
maravillas ha de obrar.)

Lucía	Tristán, ¿cómo no me cuentas qué enredos son éstos?
Tristán	Calla. Cuando a la noche te vea, te diré mil novedades; agora basta que sepas que hoy ha llegado a Toledo un pesquisidor de viejas; que sabiendo el rey que son difuntos que se menean, y que dentro de sus cuerpos andan sus almas en pena, manda que las desencanten, y que sirvan en la guerra para parches sus pellejos, sus huesos para baquetas.
Lucía	¡Pobres de ellas!
Illán (Aparte.)	(Bien está trazado de esta manera. Darle quiero por encanto y mágicas apariencias, riquezas, honras y oficios para probar sus promesas;
(Escribe un papel.)	y con estos caracteres efeto quiero que tenga.)
(Sale un Paje.)	
Paje	Señor don Juan, un hidalgo, forastero por las señas,

por vos llegó preguntando,
y vuestra licencia espera
para hablaros, porque os trae
de mucho gusto unas nuevas.

Juan   Aguarde.

Illán   Si son de gusto,
no dilatéis el saberlas.
Entre, si licencia dais.

Juan   Entre, pues vos dais licencia.

Paje   Entrad, hidalgo.

Illán (Aparte.)   (Mis artes
nigrománticas empiezan
a obrar en esto.)

(Sale un Caminante con un pliego.)

Caminante   ¿Quién es
aquí don Juan de Ribera?

Juan   Yo soy.

Caminante   Pues deme los pies
y albricias vuestra excelencia.

Juan   Alzad, y mirad que erráis,
según el estilo muestra,
por el nombre la persona.

Tristán   ¡Excelencia dijo!

Caminante   Fuera
                                pedir albricias locura,
                                a no ser tales las nuevas,
                                que a esa duda os obligaran;
                                mas las cartas de creencia
                                bastarán a aseguraros
                                lo que no puede mi lengua.
(Dale un pliego.)   Marqués de Tarifa sois;
                                que aunque imposible os parezca,
                                la parca sabe cortar
                                en un punto muchas hebras.
                                Entró en casa del Marqués,
                                mi señor, que el cielo tenga,
                                aire tan inficionado,
                                tan enojada influencia,
                                que, él y un hermano, en tres días,
                                y un hijo —¿quién tal creyera?—
                                fueron excelsos marqueses
                                y fueron humilde tierra.
                                La marquesa, mi señora,
                                aunque lastimada, cuerda,
                                hizo junta de letrados,
                                y mirando bien en ella
                                la erección del mayorazgo
                                y el árbol de los Riberas,
                                hallaron, señor don Juan,
                                todos conformes, que es vuestra
                                la sucesión del estado,
                                que por muchos años sea;
                                y al punto con esa carta
                                el parabién y las nuevas
                                me despachó por la posta
                                mi señora la marquesa.

Tristán	¡Qué gran dicha!
Blanca (Aparte.)	(¡Loca estoy!)
Illán	Goce, señor, vueselencia por mil años el estado.
Juan	El señor don Illán crea que será para servirle cualquier aumento que tenga.
Illán (Aparte.)	(¿Ya me habláis de impersonal? Presto el desengaño empieza.)
Blanca	Mil norahuenas os doy, señor Marqués.
Juan	Blanca bella, para bien vuestro será cuánto valga y cuánto pueda.

(Aparte al paño don Enrique.)

Enrique (Aparte.)	(Celosa envidia me abrasa.)
Tristán	Señor, bien es que merezca quien tus pies besó merced, besártelos excelencia.
Juan	La mano te doy. La carta leo con licencia vuestra.
Blanca	¿Quién tal creyera?

Lucía	Tristán, ¿agora darásme audiencia?
Tristán	Sí; que mudanzas de estado no mudan naturaleza; más el modo de tratarnos solo destajar quisiera. Hablarásme de vusía.
Lucía	Pues tú, ¿qué titulo heredas?
Tristán	Agora hablémonos de vos, para evitar diferencias.
Juan	Mi dicha es cierta; y pues fuistes vos de ventura tan cierta mensajero, las albricias me pedid que daros pueda.
Caminante	De camarero serví al Marqués difunto. Premia con ese oficio mi fe.
Tristán	¡Camarero! Pues ¿qué dejas para...?
Juan	Tristán, tú has de ser mi secretario; que es fuerza, pues tengo tan conocido tu secreto y tu prudencia. Vos sois ya mi camarero.
Caminante	Mil años mi dueño seas.

(Habla aparte con don Illán.)

Ya con fantástico cuerpo
he obedecido a la fuerza
de tus conjuros, Illán.
Mira si otra cosa ordenas.

Illán

Que prosigas la ilusión
que le ha obligado a que crea
que es de Tarifa Marqués,
hasta que de sus promesas
el engaño o la verdad
me descubra la experiencia;
que, como verás, agora
tengo de hacer la primera.

(A don Juan.)

Cuando derramáis mercedes,
bien es que parte me quepa;
Y así, en albricias, señor,
de que tan dichosa nueva
tuvistes en esta casa,
y en fe de vuestras promesas,
os suplico que el gobierno
de vuestro estado merezca
un hijo que en Salamanca
estudió jurisprudencia,
y está en Madrid pretendiendo;
porque en ese oficio pueda
habilitar su persona
y servir a vuecelencia,
para que con su favor,
y dar allí de sus letras
testimonio, a alguna plaza
su majestad le promueva.

Juan   Don Illán, no ha de faltar
tiempo y lugar en que pueda
manifestaros mi amor
y cumpliros mis promesas.
El gobierno de mi estado,
para tan ilustres prendas
como las de un hijo vuestro,
es ocupación pequeña;
Fuera de que en Salamanca
tuve un ayo, a quien con ella
de sus antiguos servicios
daré justa recompensa.
Y para que echéis de ver
que mi corazón desea
que en pretensiones más altas
probéis mi amor y mis fuerzas;
puesto que me parto al punto
a Madrid, porque a su alteza
bese la mano y le dé
de mi nuevo estado cuenta;
y en Toledo tenéis vos
menos gustos que pendencias
con estos bandos sangrientos,
con estas civiles guerras;
os pido, por vida mía
y por la de Blanca bella,
que os partáis con vuestra casa
luego a Madrid, porque pueda
dar a vuestros mismos ojos
de mi afición experiencia,
y también porque de vos
el arte que he dicho aprenda,
pues a asistir en la corte

el nuevo estado me fuerza.

Illán   Señor...

Juan   No me respondáis.
Yo voy a partirme; sea,
señor don Illán, partiros
luego tras mí la respuesta.
Y vos, sed en este intento,
Blanca hermosa, mi tercera;
que de vos he de quejarme
si vuestro padre se queda.

(Vase.)

Tristán   Marcha a la corte; que allí
tu secretario te espera.

(Vase.)

Blanca (Aparte.)   (Seguiráte el pensamiento,
dado que el alma no pueda.)

Illán   Pues, Blanca, ¿qué dices de esto?

Blanca   ¿En qué duda te aconsejas,
donde no deja elección
a la voluntad la fuerza?
Precepto fue, que no ruego,
el del Marqués; y pudieras
solicitar codicioso
lo que la Fortuna ordena,
pues fuera de que el Marqués
podrá en Madrid cuanto quiera,

de los bandos de Toledo
huyes la inquietud sangrienta.

Illán (Aparte.)   (Ya os entiendo. Amor os guía.)
Supuesto que tú no quieras
ser, dando la mano a Enrique,
iris de tanta tormenta,
iré a la corte.

Blanca   Yo he hecho
a mi corazón violencia;
mas solas pueden mudar
la inclinación las estrellas.

Enrique (Aparte.)   (¡Ah, cruel!)

Blanca   Oye, Lucía.

(Vase.)

Illán (Aparte.)   (O será vana mi ciencia,
o han de hacer los desengaños
que a quien amas aborrezcas
en los minutos de un hora;
que en solo el tiempo que resta
para ensillar el caballo,
con las artes hechiceras
he de cifrar muchos días,
y epilogar muchas leguas
en la esfera de esta casa
y a cuantos están en ella,
sin salir de sus umbrales,
les tengo de hacer que vean
en varias tierras y casos

la prueba de las promesas.)

(Vase.)

Caminante   Fácil es cuanto emprendieres
a mi poder y a tu ciencia.

(Vase. Sale don Enrique.)

Enrique   ¡Ah, Lucía!

Lucía   Don Enrique,
éste no es tiempo de quejas,
sino de huir el peligro
de que mi señor os vea.

Enrique   Cuando muero sin remedio,
¿qué peligro habrá que tema?

Lucía   Idos, por Dios, idos presto,
antes que mi dueño vuelva,
y apelad a mi cuidado
de tan duras esquivezas,
pues yo vuestro bien deseo.

Enrique   Ese consuelo me queda.
A la corte iré, siguiendo
su crueldad y su belleza,
hasta vencer sus rigores,
o morir entre mis penas.

Lucía   Bien haréis; idos.

Enrique   Mi vida

en tus manos se encomienda.

(Vase.)

Lucía ¡Qué engañada confianza!
Volvió Fortuna la rueda.
Viva el Marqués, y a las doblas
desprecio; que más me llevan,
que posesión de merced,
esperanzas de excelencia.

Fin de la primera jornada

Jornada segunda

(Salen por puertas diferentes don Illán y don Enrique.)

Illán   ¡Don Enrique! ¿vos aquí?

Enrique   ¡Y vos aquí, don Illán!

Illán   Mis pretensiones darán
                         respuesta en eso por mí.

Enrique   ¿Paréceos que vivo yo
                         ajeno de pretender?

Illán   Al que honor y de comer
                         en su patria el cielo dio,
                            como a vos, nunca pensara
                         que por servir y rogar,
                         sufrir, temer y esperar,
                         el quieto gozar trocara.

Enrique   Ésa, don Illán, creed
                         que era moral elección;
                         pero la humana ambición
                         es una hidrópica sed.
                            ¿Quién ha tenido reposo
                         en el más feliz estado,
                         y quién fuera desdichado
                         si se juzgara dichoso?
                            Demás de esto, ¿cómo puedo
                         dejar de seguir mi norte?
                         Si Blanca vino a la corte,
                         yo, ¿qué he de hacer en Toledo?
                            La causa hermosa a quien Dios

hizo en mí tan eficaz,
que por ella en dulce paz
me reconcilié con vos,
   ¿No será eficaz también
para que deje por ella
mi patria? Patria es aquélla
donde tiene amor su bien.
   Dadme que a los elementos
sus centros se les mudaran,
que al punto desampararan
sus conocidos asientos.
   Blanca es el centro —iay de mí!—
en quien vivo y por quien muero,
y el cielo móvil primero
que me lleva tras de sí.
   No me impiden que la siga
sus desdenes inhumanos;
que es honra morir a manos
de tan valiente enemiga.
   Suyo soy, suyo he de ser;
que pues ya me he declarado,
no queda partido honrado
sino morir o vencer.

Illán
     Don Enrique, pues sabéis
que estoy yo de parte vuestra,
aunque tan dura se muestra
Blanca, no desconfiéis.
   Porfiad con sufrimiento,
y obligad con firme fe;
que o mis libros quemaré,
o alcanzaréis vuestro intento.

Enrique
     Otra vez os he escuchado

eso mismo, don Illán;
mas vuestras obras me dan
indicios de otro cuidado;
que si darme a Blanca es
la intención vuestra, decid,
¿cómo con ella a Madrid
venís siguiendo al Marqués?
¿Cómo queréis que colija
de esto mi bien, don Illán?
Y en Toledo qué dirán
de quien, pobre, con su hija
sigue a un Marqués, no pudiendo
ignorar, pues nadie ignora,
que don Juan a Blanca, adora?

Illán	Don Enrique, yo me entiendo.
	¿Sabéis que Toledo soy?
Enrique	Y que nadie en calidad
	os excede.
Illán	Hasta la edad
	anciana en que agora estoy,
	¿sabéis que haya yo sufrido
	un escrúpulo en mi honor?
Enrique	De nobleza y de valor
	sé que un espejo habéis sido.
Illán	Y en cuanto a prudente y sabio,
	¿en qué opinión me tenéis?
Enrique	El nombre quitado habéis
	a Numa y a Quinto Fabio.

Illán	Y ¿cuál dará de los dos más acertado consejo? ¿Yo con muchas letras, viejo, o mozo y sin ellas vos?
Enrique	Don Illán, no me tengáis por tan ciego en mi ignorancia, que no entienda la distancia con que en todo me ganáis.

Illán	Pues si sabe más el loco
	en su casa que en la ajena
	el cuerdo, ¿por qué condena
	al sabio el que sabe poco?
	    Por el honrado y discreto
	siempre está la presunción.
	Jamás acuséis la acción
	hasta ver de ella el efeto.
	    A mí el recelar me toca
	si hablará Toledo o no;
	fiad que a su tiempo yo
	le sepa tapar la boca.
	    Tanto por yerno os deseo
	como a Blanca vos. Callad,
	y el orden que os doy guardad,
	si en pacífico himeneo
	    la amistad de entre los dos
	ver confirmada queréis...
	y jamás aconsejéis
	a quien sabe más que vos.

(Vase.)

Enrique   ¿Son trazas tuyas, Amor,
a una esperanza perdida
dar vida porque la vida
dé materia a tu rigor?
   Cuando el desengaño veo,
cuando Blanca me aborrece,
¿cómo remedios ofrece
don Illán a mi deseo?
   Dicen que es mágico. Bien.
En la magia, ¿hay potestad
de obligar la voluntad
y hacer favor del desdén?
   No; mas puede en las criaturas
fingir varios accidentes;
puede imitarlos ausentes
con fantásticas figuras;
   Puédenos representar
en un hora muchos años,
y que ve pueblos extraños
el que se está en un lugar;
   y así, pues al albedrío
la causa extrínseca mueve
para que elija o repruebe,
que podrá poner confío,
   con engaño o con verdad,
don Illán en los sujetos
tales gracias y defetos,
que muevan la voluntad.
   Pero, ¿cómo he de creer
que para este intento importe
traer a Blanca a la corte
tras el Marqués? ¿Puede ser?
   Pero, ¿qué estoy discurriendo?
¿Ciego y confuso me aflijo

55

con dudas? él, ¿no me dijo:
«Don Enrique, yo me entiendo.
   O mis libros quemaré,
o alcanzaréis vuestro intento.»
¿No es noble? Pues, pensamiento,
ceda la duda a la fe.
   Guardar sus órdenes quiero,
y creer que cumplirá
la palabra que me da,
como tan gran caballero.
   él sabe el modo importante;
no examine —que es error—
ni el criado a su señor
ni al que sabe el ignorante.

(Sale Chacón.)

Chacón   Albricias, señor, te pido.

Enrique   Yo las mando. Habla, Chacón.

Chacón   De la cruz del gran patrón
la merced ha ya salido.

Enrique   ¿Qué picón, necio, me has dado?

Chacón   Verdad es, por Dios.

Enrique   Pensé
que del dueño de mi fe
me dabas algún recado.

Chacón   A lo menos puede ser
que a su esquivo corazón

esta nueva dé ocasión
de comenzarte a querer,
y por servirte, di ya
noticia de ello a Lucía.

Enrique   ¿Luego la enemiga mía
ya lo sabrá?

Chacón   Claro está.

Enrique   Ven; que visitarla quiero,
para ver si en su crueldad
han causado novedad
estas nuevas.

Chacón   Yo lo espero,
aunque gran dicha sería;
que está por el cielo el mar.

Enrique   ¿Cómo?

Chacón   Empecé a requebrar,
como trazaste, a Lucía,
y hablóme con más desdén
que te trata Blanca a ti.

Enrique   Desdicha aprendes de mí.

Chacón   Que anda de amores también
con Tristán, sospecho yo,
secretario del Marqués,
que ya es don Tristán, después
que su amo enmarquesó;
y como a privar empieza

con el rey don Juan, y trata
de darla mano a la ingrata,
efeto de su belleza,
   de suerte ha vuelto el juicio
de las dos la vanidad,
que tienen más gravedad
que un ruin puesto en oficio.

Enrique   ¡Ah, cielos! Mas ¿qué, me aflijo?
Vamos; que no desespero;
que es don Illán caballero,
y cumplirá lo que dijo.

(Salen doña Blanca y Lucía.)

Lucía   Ya te juzgo excelencia,
y ya en el rico estrado,
de colunas de plata rodeado,
contemplo tu presencia
con tan rara hermosura,
que juzguen corta tu mayor ventura.
Ya en la cubierta silla,
concha feliz de perla tan preciosa,
te miro acompañar de la cuadrilla
noble sirviendo, y trabajando ociosa,
de cien gentileshombres
que solo alcanzan dones en sus nombres.
Ya te pinto...

Blanca   ¡Ay Lucía!
¡Qué diestra supo la fortuna mía
a tan feliz suceso
oponer el infausto contrapeso!
¿Qué importa que en sereno y claro día

el leño alado y leve
amigo viento en mar tranquilo lleve
si en la noche vecina,
que envuelta en sombras de terror camina,
Neptuno embravecido
y airado Bóreas con feroz bramido
amenazan su náufraga ruina?
¿Qué importa que el pavón, desvanecido
con los matices de luciente pluma,
arrogante presuma,
si entre la pompa vana
de la rueda inconstante,
las basas de la máquina liviana,
que en forma inelegante
a los ojos se ofrecen,
ruedas deshacen, pompas desvanecen?
¿Qué importa que me anime
el aplauso sublime
del trono ya vecino,
si en medio de estas glorias,
importunas memorias
de las deformes faltas que imagino
en mi esposo esperado,
mezclan acibar al mejor bocado?

Lucía   No puede dar el suelo
                         felicidad colmada.
                         Mas esfuerza el consuelo;
                         que tu suerte aun así será envidiada.

(Aparte.)   (No me atrevo a decirle que fue engaño
                         y así pretendo reparar el daño.)
                         Señora, el Marqués viene.

Blanca   ¡Ay mi Lucía!

La turbación del alma lo decía.
¡Poder de Amor extraño!
Que por mucho que digo
al alma los defetos que padece,
tanta conformidad tiene conmigo,
que al punto que a la vista se me ofrece,
con ímpetu violento
me abrasa y arrebata el pensamiento.

(Salen don Juan y Tristán, de cortesano.)

Juan   ¡Hermosa Blanca!

Blanca   Señor...

Juan   Gracias doy a mi ventura,
que puedo ver la hermosura,
centro de mi firme amor.
      ¿Cómo en la corte os halláis?
¿Haos pagado agradecida
con lisonjera acogida
la presunción que le dais?

Blanca   Si en ella habéis alcanzado
con el rey tanto favor,
¿cómo se ha de hallar, señor,
quien tiene en vos su cuidado?

Juan   Como quien sois me pagáis,
con gloria no merecida,
y viendo a riesgo mi vida,
piadoso aliento me dais.
      Mas de un bien tan soberano
Duda la verdad mi amor,

y en prueba de ese favor
pedir os quiero una mano.

Blanca   Permitir puede a sus ojos
la doncella recatada
mostrar del alma abrasada
mudamente los enojos;
    bien puede con la afición
dar a la lengua licencia
para explicar la dolencia
que padece el corazón;
    pero la mano, señor,
al tálamo reservad;
que antes, da la liviandad
más indicio que de amor.

Juan   ¿Al tálamo?

Blanca   Caso es llano.

Juan   ¿Luego el favor que me dais,
no es porque mi amor pagáis,
mas porque esperáis la mano?

Blanca   ¿Luego algún tiempo os dictó
vuestro altivo pensamiento
que puedo sin ese intento
haceros favores yo?

Juan   ¿Luego fuera cosa extraña
que le hiciérades favor
sin esa ley al Amor,
Blanca, de un grande de España?
    ¿Acaso olvidáis que soy

Marqués de Tarifa?

Blanca
    Pues,
¿diéraos yo, a no ser Marqués
esta esperanza que os doy?

Juan
    Pues yo...

Blanca
    Basta; que no quiero
ver más vuestras falsedades.
Quien coteja calidades
no es amante verdadero.
    Si ya con el nuevo estado
tenéis nuevo pensamiento;
si os da desvanecimiento
el veros del rey privado,
    advertid que sois, don Juan
si es que os habéis parecido
grande para mi marido,
chico para mi galán;
    y con la sangre que heredo,
puesto que tan pobre estoy,
os puedo honrar; que yo soy
doña Blanca de Toledo.

Juan
    El mundo lo sabe así.

Blanca
Pues si os igualo en nobleza,
cuando supláis la pobreza,
por tenerme amor, en mí,
    yo suplo en vos, porque os veis
entre fortunas tan altas,
Marqués, las secretas faltas
que yo callo y vos sabéis.

(Vase.)

Juan   ¿Qué faltas? Oye.

(Vase tras ella.)

Lucía   Detente,
                        Señor, mira...

Tristán   Descortés,
                        necia, grosera, ¡al Marqués
                        le pones inconveniente!

Lucía   Salir mi señor podría.

Tristán   Hallará que un gran señor
                        hace a su hija el amor,
                        y un secretario a Lucía.

Lucía   Y lo pondrá don Illán
                        en sus armas. Suelta.

Tristán   Espera;
                        que otra vez, la cuadra afuera,
                        hablando los dos están.
                            Déjalos. Háganse amigos
                        a solas; que los terceros
                        entre amantes verdaderos
                        son importunos testigos.

Lucía (Aparte.)   (Aquí saben mi quimera.)
                        Aparta.

Tristán	¡Qué loco intento! ¿No sabes el mandamiento de no estorbarás? Grosera, tente, y gocemos los dos la ocasión. Tus brazos quiero.
Lucía	Mi esposo has de ser primero que los goces.
Tristán	¿También vos, como Blanca con mi amo, apellidáis casamiento? A cualquier embestimiento, ¿no hay sino «Iglesia me llamo»? No sois bobas a fe mía. El demonio os la demande doña Blanca aspira a grande y a secretaria Lucía.
Lucía	¡Jesús señor don Tristán, qué gran cosa! Pues quien es secretario del Marqués fue lacayo de don Juan.
Tristán	¡Plebeyo remordimiento, detracción irracional! Acaso está al hombre mal en las honras el aumento? Di, ¿qué pretende, Lucía, del más pequeño al mayor, sino acrecentar su honor, ser más y más cada día? Pues, si es digno de alabanza quien consigue lo que emprende,

también al que honor pretende
han de alabar, si lo alcanza.
    Pregunto yo, ¿quién tendrá
más honra a tu parecer:
quien era lacayo ayer
y hoy es secretario ya,
    o la abatida persona
que se está en un mismo estado,
fregona el año pasado,
y hogaño también fregona?

Lucía
    No me fregonice tanto,
ni piense desvanecido
que un don tan recién nacido
puede a nadie dar espanto.

Tristán
    ¡Remoqueticos al don!
Huélgome, por vida mía.
Mas escúchame, Lucía;
que he de darte una lección
    para que puedas saber,
si a murmurar te dispones,
de los pegadizos dones
la regla que has de tener.
    Si fuera en mí tan reciente
la nobleza como el don,
diera a tu murmuración
causa y razón suficiente;
    pero si sangre heredé
con qué presuma y blasone,
¿quien quitará que me endone
cuando la gana me dé?
    ¿Qué es don y qué significa?
Es accidente del nombre,

que la nobleza del hombre
que le tiene nos publica.
    Pues, pregunto agora yo,
un hábito ¿es cosa fea
ponérsele cuando sea
viejo un caballero? No.
    Luego si es noble, es bien hecho
ponerse don siempre un hombre,
pues es el don en el nombre
lo que el hábito en el pecho.

Lucía   Agudo has argumentado;
Mas —¡ay de mí!— don Illán.
¿No lo dije yo, Tristán?

Tristán   Hablando los ha pescado.
    Ella se aparta, y los dos
vienen hacia acá.

Lucía   No sea
que a mí contigo me vea
mi señora. Adiós.

Tristán   Adiós.

(Vase Lucía. Salen don Juan y don Illán.)

Juan   A cumplir mi obligación,
noble don Illán, venía,
y de la nigromancía
oír la primer lección;
    y encontré, por mi ventura,
la bella Blanca al entrar,
y obligóme a reparar

su desigual hermosura.
Veáisla como deseo.

Tristán (Aparte.)   (No pienso que bien le está.)

Illán   Para serviros será
su más venturoso empleo.
  El cuidado os agradezco
de venir a honrar mi casa;
merced que el límite pasa,
señor, de lo que merezco.
  Cuanto a la lección, no puedo
serviros, si bien querría,
hasta que mi librería
venga a Madrid de Toledo.

(Aparte.)   (No os la he de dar hasta ver
de mi intento la experiencia.)
Entre tanto, vueselencia
bien se puede entretener
  en el dulce endiosamiento,
de la dichosa privanza
que con nuestro rey alcanza,
y siempre vaya en aumento.

Juan   Vos, Illán, sois el privado;
que es vuestra mi voluntad.

Illán   Dicen que su majestad
dos hábitos os ha dado
  para que darlos podáis
a quien gustéis.

Juan   Hoy me ha hecho
esa merced.

Illán   Pues el pecho
liberal que me mostráis,
    pienso que se agraviaría
si yo anduviese jamás
corto en pediros, y más
cuando animan mi osadía
    las promesas que habéis hecho.
En cuya conformidad,
señor, de vuestra verdad
justamente satisfecho,
    en una edad tan anciana,
que moverme apenas puedo,
troqué el ocio de Toledo
a la inquietud cortesana.

Juan   Ya de vuestras dilaciones
me ofendo. Para mandarme,
¿es menester acordarme,
don Illán, obligaciones?

Illán   No por cierto; que ni de ellas
se olvida el que es principal,
ni para ser liberal
habéis menester tenellas.

Juan   Decid pues lo que queréis.

Illán   Lo que os suplico, señor,
es que a mi hijo Melchor
el un hábito le deis.

Juan   Illán, aunque en tales dones
no pone su majestad

por su liberalidad
límites ni condiciones,
   se entiende tácitamente,
por equidad y razón,
que para los deudos son.
Si del censor maldiciente
   a las injurias queréis
que disponga las orejas,
y a las importunas quejas
de mis deudos...

Illán
              Vos sabéis
   que vuestra reputación
a mis aumentos prefiero.

Juan
Fuera de que considero
que tales insignias son
   premios propios de soldados,
y es letrado don Melchor.
Siga, pues le hago favor,
la senda de los letrados,
   y avisadme en la ocasión,
porque hable a su majestad,
y empiece mi voluntad
a pagar su obligación.

Illán
El cielo os prospere.

Juan
              Adiós.

Illán (Aparte.)
(¡Bien cumplís lo prometido!
¿Excusas a cuanto pido?
¿Quién se fiara de vos!
   Cuando, el encanto deshecho,

os vuelva al primer estado,
no diréis que no os ha dado
justo castigo mi pecho.)

(Vase don Illán.)

Tristán   ¡Hizo paces tu enemiga?

Juan   No, Tristán, y loco vengo.
Dime tú, ¿qué faltas tengo,
para que Blanca me diga,
   «Yo suplo en vos, porque os veis
entre fortunas tan altas,
Marqués, las secretas faltas,
que yo callo y vos sabéis»?
   Dime, ¿por qué lo dirá?
Declárame mis defetos.

Tristán   Si dice que son secretos,
¿quién sino tú los sabrá?
   ¿Por qué no le hiciste a ella
que los dijese?

Juan   Intentélo;
mas fuelo mismo que al cielo
querer quitarle una estrella.

Tristán   Algún testimonio fue
de cualquier lengua envidiosa.
Nunca vi mujer hermosa,
perfeta en lo que se ve,
   que no oyese murmurar
de ella, que allá en lo secreto
padecía algún defeto

difícil de averiguar.
    Esto mismo te sucede;
que por dichoso y galán,
envidias le imputarán
lo que la verdad no puede.
    Mas no te aflijas, y fía
que presto lo sepa yo,
porque jamás le calló
secreto a Tristán Lucía.

Juan   Bien dices; luego ha de ser.

Tristán   Y si en cuanto al casamiento
                me examina de tu intento,
                ¿Qué tengo de responder?

Juan   Déjala, Tristán, vivir
                entre temor y esperanza.

Tristán   ¿Cómo te va de mudanza?
                ¿Atréveste a resistir
                    los combates de tu amor,
                si Blanca da en estimarse,
                y no quiere, sin casarse,
                dar remedio a tu dolor?

Juan   Otro tiempo cualquier medio
                aceptara mi pasión;
                mas hoy, como es la ambición
                del amor tan gran remedio,
                    tanto me llega a ocupar
                la grandeza en que me veo,
                que le deja a mi deseo
                en mí muy poco lugar;

y más cuando considero
que aspira Blanca a mi esposa;
que aunque es tan noble y hermosa,
es hija de un escudero
    bastante desigualdad
en mi privanza y grandeza
para incurrir con su alteza
en nota de liviandad,
    y caer quizá con eso
de su gracia; que no dura,
un rey que tiene cordura,
privado de poco seso.

Tristán   Ya estás del todo mudado;
que no se sufren, señor,
las sinrazones de amor
con las razones de estado.

Juan   Con todo, traza, Tristán,
cómo venzan mis porfías.

Tristán   Ya entiendo. Esposo te enfrías,
pero abrasaste galán.

(Vanse. Salen Enrique y Chacón.)

Enrique   ¿Es el Marqués?

Chacón   Sí, señor.

Enrique   ¡Y que don Illán pretenda,
cuando esto miro, que entienda
que da a mi intento favor!

Chacón	Y aun siendo así, es dura cosa que, dando entrada al Marqués amante, quiera después darte a Blanca por esposa.
Enrique	Sus fines no comprendo; pero cuando más me aflijo, me acuerdo de que me dijo: «Don Enrique, yo me entiendo.» Y esfuerzo vuelvo a cobrar, confiado, en su prudencia.
Chacón	Pues porfía y ten paciencia. ¿Qué se pierde en esperar?
Enrique	Dices bien. Mi amada fiera entro a ver.
Chacón	Y yo a Lucía.
Enrique	En obligarla porfía; que me importa que te quiera.

(Salen doña Blanca y Lucía.)

Lucía	A saber quedó Tristán si acaso te dije yo las faltas que él me contó que tiene el Marqués don Juan. Yo, con recato y cuidado, no le quise responder por no errar, hasta saber lo que en esto te ha pasado con el Marqués; que de mí,

por la vida, no quisiera
que a entender Tristán viniera
que el secreto descubrí.

Blanca   Lo que le dije a don Juan...
Pero don Enrique viene,
y un engaño me conviene.
¿Dónde tienes a Tristán?

Lucía   En ese aposento queda.

Blanca   Pues, sin que entienda que sé
que él puede oírme, haz que esté
en parte que oírme pueda
   con don Enrique.

Lucía   No entiendo
dónde tus intentos van.

Blanca   En que no entienda Tristán
que yo sé que me está oyendo
   estriba un dichoso efeto.

Lucía   Callo, y voyte a obedecer.

Blanca   En lo demás, niega haber
descubierto tú el secreto.

(Vase Lucía.)

Enrique   Prevengo vuestro rigor,
señora, con avisaros
que aunque me abraso, de amor,
solo vengo a visitaros,

y no a pediros favor;
  y así, espero que me oyáis;
y pues que segura estáis
de que os canse mi porfía,
le deis a la cortesía
lo que al amor le negáis.
  ¿Cómo os trata de salud
Madrid?

Blanca   A vuestro servicio
la tengo.

Enrique   La multitud,
el cortesano bullicio,
la grandeza y la inquietud,
    ¿os ofende u os agrada?
¿Estáis aquí más hallada
que en Toledo?

Blanca   Novedad,
multitud y variedad
es confusa, no pesada.

Enrique   ¿Luego va habréis olvidado
al gran Tajo celebrado,
por Manzanares, de quien
dijo un cortesano bien
que, según es abreviado
    y ardiente el turbio licor
que lleva en caniculares,
no es agua, sino sudor,
que abrasado de calor,
echa de sí Manzanares?
    ¿Podéis contenta trocar

por él tanto cristal frío
como el Tajo ofrece al mar?

Blanca   Sí, que vivo en el lugar,
don Enrique, y no en el río.

(Sale Lucía, y deja a Tristán al paño.)

Lucía   Aquí estás bien.

Enrique   Yo creía,
viéndoos tan blanca y tan fría
a un amor que abrasa el suelo,
que quien es hecha de hielo,
en el agua viviría.

(Aparte a doña Blanca.)

Lucía   Ya te escucha.

Enrique   No fue cosa
injusta que yo creyera,
si os adoro por mi diosa,
que quien es Venus hermosa,
dentro del agua viviera;
    no fue...

Blanca   Ved que no guardáis
la palabra, pues tratáis
de vuestro amor.

Enrique   ¡Ay bien mío!
En vano al furioso río
que al mar no corra mandáis;

en vano queréis que deje
el fuego de dar calor;
que es imposible mayor
mandarle que no se queje
a quien se abrasa de amor.

(Aparte a Lucía.)

Blanca   ¿Oye Tristán?

Lucía   Sí, señora.

Blanca   Don Enrique, no enamora
tanto a un pecho endurecido
el que se queja ofendido
como el que callando llora.
    Hablando y encareciendo,
¿qué más me podéis decir
del mal que estáis padeciendo,
que lo que de vos entiendo
viéndoos amar y sufrir?

Enrique   Pues con que hayáis entendido
cuánto estoy por vos perdido
dichoso es ya mi cuidado,
porque está de ser pagado
muy cerca el amor creído.

Blanca   Don Enrique, un firme amar,
servir, callar, padecer,
las fieras sabe amansar,
y obliga, si no a pagar,
al menos, a agradecer.
    Y ni tan fiera nací,

ni humano ser recibí
de tan inhumano padre,
ni de tan bárbara madre
blanco alimento bebí,
   que al ruego no me enternezca
que al llanto no me lastime,
que al mal no me compadezca,
que firmezas no agradezca
y que finezas no estime.
   El pasado disfavor
no fue porque vuestro amor,
Enrique, no agradecí,
sino por tocar así
su fineza en mi rigor.

Enrique   ¿Luego estáis agradecida?

Blanca   Sí; que me tiene obligada
el saber que soy querida;
y si cerca de pagada
está la afición creída,
   yo os comienzo ya a pagar,
pues os llego a confesar
que agradezco, por creer
que llegar a agradecer
es el principio de amar.

Tristán (Aparte.)   (¿Qué escucho?)

Enrique   ¿Que merecí
tan alto favor?

(Aparte a Lucía.)

Blanca	¿Tristán oyóme?
Lucía	Señora, sí.
Blanca (Aparte.)	Bien está. (Lleve de mí estas nuevas a don Juan.)

(Vase doña Blanca.)

Lucía (Aparte.)	(¿Martelico? ¡Fullería!)
Chacón	Oye, señora Lucía.
Tristán (Aparte.)	(¡Esto me faltaba agora!)
Lucía	Voy siguiendo a mi señora; verémonos otro día.

(Vase Lucía.)

Enrique	Loco quedo del favor.
Chacón	Y con razón.
Enrique	¡Por mi vida, que obra el viejo encantador!
Chacón	Lo que yo entiendo, señor, es que saber tu querida que la roja cruz te han dado obra tales maravillas.
Enrique	Que don Illán las ha obrado

por la magia he yo pensado.

(Vase don Enrique.)

Chacón
Creo en Dios a pies juntillas.

(Vase Chacón.)

Tristán
¿Hay tan gran bellaquería?

(Sale Lucía.)

Lucía
¿Qué te santiguas? ¿Qué ves?

Tristán
Que Blanca engañe a un Marqués,
y a un secretario Lucía!

Lucía
    ¿En qué lo ves?

Tristán
          ¡En efeto,
blanca quiere a don Enrique!
Ya no me espanto que aplique
a un galán que es tan perfeto
  como el Marqués, tu señora
mil faltas; que ¿cuál mayor
que no tenerle a él amor,
cuando a don Enrique adora?

Lucía
  Tristán, Amor se precia de humildades;
no hallan lugar en él las ambiciones,
y con desvanecidas presunciones
no caben amorosas igualdades.
  Nunca conserva firmes amistades
quien solo atento va a sus pretensiones;

80

y nunca de encontradas opiniones
vi resultar conformes voluntades.
    Siendo dios el Amor, habita el suelo,
y no corona, siendo rey, las sienes,
y anda desnudo, siendo poderoso.
    Abata el que ama el levantado vuelo,
o no le engendren quejas los desdenes,
si siendo enamorado es ambicioso.

Tristán   Lucía, no desmientas los engaños
con frívolas razones mal fundadas.
Dime tú que las dos estáis mudadas,
y acabarán con eso nuestros daños.
    No son sucesos en el tiempo extraños
dos almas dividirse enamoradas;
esperanzas son muertes dilatadas,
y de los males fin los desengaños.
    Siquiera porque fuimos ya queridos,
habladnos claro; que por mas impía
tengo la pena que se da penada.
    Si nos queréis dejar agradecidos,
Decid: «Mudado se han Blanca y Lucía».
¡Que —vive Dios— que no se nos dé nada!

Fin de la segunda jornada

Jornada tercera

(Salen don Juan y Tristán.)

Tristán

Señor, ¿qué es esto? ¿Qué desigualdades
muestras en tus pasiones, siendo indinas
de un heroico varón las variedades?
    Yo te vi ya abrasar por las divinas
partes de Blanca, y ya tu amor bañado
del Lete en las corrientes cristalinas;
    y agora, cuando en el feliz estado
de excelso presidente de Castilla,
el rey con justo acuerdo te ha ocupado
    con que entendí que la postrera astilla
de la flecha amorosa despidieras,
pues la ambición no sabe consentilla,
    hallo que convalecen tus primeras
penas, y miro tus cenizas frías
llamas brotar que abrasan las esferas.

Juan

Tristán, no admires las mudanzas mías,
pues según son las causas diferentes,
ya tristezas producen, ya alegrías.
    Estos que notas, nuevos accidentes,
más son de celos ímpetus rabiosos,
que impulsos del amor convalecientes;
    porque hay favorecidos, hay celosos;
despierta el cuidadoso al descuidado,
y desdichados hay porque hay dichosos.
    Después que los rigores han turbado
el sereno semblante que solía
mostrar la hermosa Blanca a mi cuidado;
    después que divertida, áspera y fría
conmigo, a don Enrique más se llega,

tanto cuanto de mí más se desvía,
tan ardiente furor desasosiega
mi pecho, tan del todo me enloquece
no sé si ciego Amor, si envidia ciega
que solo al mal que el corazón padece
remedios busco, y solo el pecho mío
amorosas venganzas apetece.
Apenas me resuelvo al desvarío,
cuando me ocurre un mar de inconvenientes,
y me detengo en él, si no me enfrío.
Miro que por caminos diferentes
corre Blanca a su honor, yo a mi deseo
impedidos de varios accidentes.
Ella, sin los contratos de himeneo,
no quiere dar remedio a mi cuidado.
Es noble, razón tiene, ya lo veo.
Yo, viendo la grandeza de mi estado,
el alto oficio, la feliz privanza
con que hasta el cielo el rey me ha levantado;
como sigue tormenta a la bonanza
en el mar de la vida, y la Fortuna
solo sabe ser firme en la mudanza;
quisiera, pues mis pies huellan la Luna,
poner un clavo a la voltaria rueda,
y al frágil edificio una coluna,
emparentando agora con quien pueda
prestar a mi defensa un muro fuerte,
cuando a mi dicha adversidad suceda.

Tristán   Alta razón de estado.

Juan   De esta suerte
se causan las mudanzas que condenas.

Tristán	Supuesto, pues, que no has de resolverte
	a dar la mano a Blanca, y que tus penas
	aumenta Enrique, para tu sosiego
	en tanto daño. ¿qué remedio ordenas?

Juan	Quitar la causa que acrecienta el fuego.

Tristán	¿Cómo?

Juan	Con la ambición y con la ausencia
	pierde las fuerzas el amor más ciego.

Tristán	En ti lo verifica la experiencia.

Juan	De la encomienda de León ha hecho
	merced a Enrique el rey; si la asistencia
	le hago dar de Sevilla, yo sospecho
	que él a más rico casamiento aspire,
	y a mí su ausencia me mitigue el pecho.

Tristán	Industrioso es Amor.

Juan	Porque respire
	entre tanto el volcán en que me abraso,
	traza, Tristán, como yo hable, o mire
	siquiera el Sol de Blanca, cuyo ocaso
	es de mi vida fin.

Tristán	¡De esa manera
	hablas, señor! ¿Ya sales de tu paso?
	¡Brava labor ha hecho la celera;
	mas di, ¿quiéresla ver secretamente
	de noche?

Juan	Sí, Tristán.
Tristán	¡Quién tal creyera! Pues, ¿y la autoridad de presidente?
Juan	La de un rey es mayor, y disfrazado deja el dorado trono si Amor siente demás que en el secreto iré fiado.
Tristán	¡Plegue al cielo que quiera darte ausencia Blanca!
Juan	Apelo a tu ingenio y tu cuidado.
Tristán	Trazas no faltarán y diligencia; mas tiénesla ofendida y es honrada.
Juan	¿Qué puedo hacer?
Tristán	Armarte de paciencia. Pero don Illán viene.
Juan	Ya me enfada este viejo con tanto dilatarme el arte que es de mí tan deseada. Todo es pedirme, todo es acordarme mis promesas. ¡Qué neciamente espera al cumplimiento de ellas obligarme antes de darme la lección primera! Excúsame con él.

(Vase don Juan.)

Tristán	Tu justo enfado

con eso entenderá. ¿Quién tal creyera?
Muda la condición quien muda estado.

(Sale don Illán.)

Illán (Aparte.) 　　　(¿Ya volvéis a don Illán
las espaldas? ¡Bien por Dios!
Pues aun he de hacer; de vos
más experiencias, don Juan,
　　antes que el volcán reviente,
porque no podáis quejaros
que para desobligaros
no os di lugar suficiente.)
　　Gocéis, amigo Tristán,
como mi pecho desea,
de tan feliz tiempo.

Tristán 　　　　　　　　　　Sea
con que os sirva, don Illán.

Illán 　　　　　　Al Marqués quisiera dar
el parabién.

Tristán 　　　　　　　　Del cuidado
del nuevo oficio cansado,
se entró agora a reposar.

Illán 　　　　　　Descanse pues, que es razón;
que yo volveré otro día.
De la magia le venía
a dar la primer lección;
　　que a Madrid llegaron hoy
mis libros; mas pues los dos
sois lo mismo en esto, a vos

para entrambos os la doy.

Tristán (Aparte.)   (Parece, por Dios, que oyó
Lo que hablamos.) Decid pues;
que recibirá el Marqués
gran gusto, y gran merced yo.

Illán   Las previas disposiciones
de esta ciencia son, pasar
este códice, y tomar
de memoria estas dicciones;
saber linear perfetos
los caracteres que ves;
y esto sabido, después
entra el saber sus efetos.

Tristán   Presto, señor don Illán,
lo sabremos.

Illán (Aparte.)   (Y yo presto
veré si topaba en esto
la ingratitud de don Juan.
Con esta falsa lección
y códice mentiroso,
probaré si es engañoso
en cumplir su obligación,
pues ocasión no le queda
con que poderse excusar.)

Tristán   Ved si me queréis mandar
algo en que serviros pueda.

Illán   Este memorial quisiera
que a su excelencia le deis,

y que en la ocasión terciéis
por mí.

Tristán

       Si tanto pudiera
  como quiero, bien logrado
viérades vuestro deseo
brevemente.

Illán

        Así lo creo.
De tres plazas que han vacado,
  para Melchor pido aquí
una al Marqués, y por vos
pienso alcanzarla.

Tristán

         Id con Dios;
que el cargo me queda a mí.

(Vase don Illán.)   ¿Es posible que a esto llego?
quiero empezar a leer.

(Lee.)   «Invocación para hacer
a un marido sordo y ciego.»

  ¿Que la magia enseña modos
de cegarlo cuando importe?
Si esto saben en la corte,
han de ser mágicos todos.

(Lee.)   «Gazpurrio, tranca, durento.»

Bien lo acertaré a decir.

(Lee.)   «Carácter para impedir
la palabra, voz y aliento.»
  Para los poetas quiero

señalarlo, pues les toca,
para taparle la boca
al silbar un mosquetero.

(Lee.)   «Carácter que puede hacer
que un calvo no lo parezca.»

Bien habrá quien me agradezca
que le enseñe el carácter.
    ¿Que la magia da cabello?
Por Dios, que he de denunciar
de cierto Momo, y vengar
mil ofendidos con ello,
    puesto que la villa entera
vio que calvo anocheció,
y a la mañana sacó
abrigada la mollera.

(Lee.)   «Conjuro de remozar,
quitando rugas y canas
y otras señales ancianas.»

Esto os importa callar;
    que si llega a las orejas
de las mujeres que vos
sabéis remozar, por Dios,
Tristán, que os comáis de viejas.

(Lee.)   «Para ver lo que se quiere.»

Punto y rasgo. Esto querría
probar, por ver a Lucía.
Harélo pues, si supiere.
    Va de encanto. Verla quiero

debajo de este dosel.
Dice aquí que forme en él
los caracteres primero.
Digo el conjuro. «Plutón,

(Mira al libro, y hace una letra con dedo en el paño, alza el paño y aparece
Chacón, y esconde Tristán el libro.)

sal de la laguna fría,
y muéstrame a mi Lucía.»
¡Vive Cristo, que es Chacón!
debíme de errar.

Chacón   ¡Ah! ¿Sí?
Señor don Tristán, por Dios,
Que he de denunciar de vos.

Tristán   ·   Pues ¿qué vistes?

Chacón   Nada vi;
Solo dijistes: «Plutón,
sal de la laguna fría
y muéstrame a mi Lucía».

Tristán   Fue por burlaros, Chacón,
y daros en qué entender.

Chacón   En vano excusas buscáis.

Tristán   Como sé que la adoráis,
y os vi, Chacón, esconder
a espiarme, quise así
daros picón y cuidado.

Chacón   Ingenioso habéis andado;
              mas no os valdrá para mí;
                que ese libro que ocultáis
              no es para darme picón.

(Búscasele.)

Tristán   ¿Qué libro?

Chacón   Mostrad.

Tristán   Chacón,
              muy demasiado andáis.

Chacón   ¿Demasiado? Un buen día
              la corte habéis de dar;
              que tengo de denunciar,
              por dar pesar a Lucía.

Tristán   Decid primero, por Dios,
              por salir de duda así.
              ¿os trajo el conjuro aquí,
              Chacón, ú os venistes vos?

Chacón   A pedir audiencia entró
              para mi señor, y viendo
              que hablando solo y leyendo
              estábades, reparé,
                y para no ser sentido
              y escucharos, me escondí
              tras ese dosel.

Tristán   ¡Ah! ¿Sí?
              ¿Que malicia vuestra ha sido?

¿Quién os mete en hacer mal?

Chacón Esto no es sino hacer bien,
y yo me entiendo.

Tristán (Aparte.) (Ahora bien,
la defensa es natural.)
Porque calléis quiero hacer
por vos, Chacón, una cosa,
que además de ser gustosa
provechosa os ha de ser.
Un oficio os haré dar
luego que ocasión hubiere,
y cuando no lo cumpliere,
podéis de mí denunciar;
que a lo menos de temor
mi obligación cumpliré.

Chacón Bien.

Tristán Demás de esto os daré
la joya de más valor
que hay en Madrid, y es, Chacón,
este libro, con que hagáis
cuantos encantos queráis.
Y porque veáis que son
de provecho y gusto llenos,
os los tengo de mostrar.

(Lee.) «Conjuro para formar
nublados, rayos y truenos...
Caracteres para hacer
que nos quieran las mujeres.»

Chacón	¡Oh, qué buenos caracteres!

(Lee.)

Tristán	«Palabras para traer
	un ejército lucido
	de cristianos y de moros,
	para descubrir tesoros.»

Chacón	Con eso quedo vencido.
	Vuestros partidos aceto
	y quedo por vuestro amigo.

Tristán	Yo cumpliré lo que digo;
	pero, Chacón, ¡el secreto!

Chacón	¿Eso me habéis de advertir?

Tristán	Cuerdo sois; no es menester.
	El libro habéis de esconder.
	No os le vean al salir;
	que hay curiosos, y será,
	si le lleváis en la mano,
	querer defenderle en vano.

Chacón	Seguro con esto va.

(Métalo en la faltriquera.)

Quedaos a Dios.

(Abrázase Tristán con él, y da voces.)

Tristán	¡Al ladrón!

94

¡Hola, criados!

(Salen dos criados.)

Chacón   ¿Qué es esto?

Criado I   ¿Qué mandas?

Tristán   Atadlo presto;
que es ladrón.

Chacón   ¿Hay tal traición?

(Átanle.)

Tristán   Tras este dosel lo hallé
escondido.

Criado II   ¿Hay tal maldad?

Chacón   ¡Señores!

Criado I   Ladrón, callad.

Tristán   Esperad, le buscaré
las faltriqueras; quizá
tendrá indicios contra sí
(Sácale el libro.)   Éste es libro, y dice aquí...

Criado II   Libro de Calo será.

(Lee.)

Tristán   «Arte de nigromancía.»

¿Esto más? ¿Así, Chacón,
nigromántico y ladrón?
¡Qué buena bellaquería!

(Sale don Juan.)

Juan   ¿Qué es esto?

Tristán   Un ladrón, señor.

Chacón   Miente.

Criado I   ¡Ah, ladrón!

Chacón   Pierdo el seso.

Tristán   Manda que le lleven preso;
que es también encantador.

(Toma don Juan el libro.)

Juan   ¿Cómo lo sabes?

Tristán   Traía
este libro.

Chacón   Declarad,
cielo santo, la verdad.

(Lee.)

Juan   «Arte de nigromancía.»
Llevadle.

Chacón   Señor...

Tristán   Chacón,
pues dar pena es vuestro gusto,
tened paciencia; que es justo
redimir la vejación.

(Llévanle.)

Juan   Tristán, ¿qué es esto?

Tristán   Señor,
en una casa en que había
conversación, cierto día
salieron al corredor
    dos solos, que una cuestión
tenían que averiguar,
y en ella le vino a dar
uno a otro un bofetón.
    Pues el que le recibió,
a grandes voces y apriesa
dijo al otro: «¡Tomaos ésa!».
La gente, que dentro oyó
    el golpe, y no vio la mano,
atribuyó la vitoria
al que cantaba la gloria
tan orgulloso y ufano.
    Y así, con esta invención
vino a quedar agraviado
aquel mismo que había dado
al contrario el bofetón.

Juan   Aplica.

Tristán
　　　　　Ya yo entendí
que me hubieras entendido.
Este librillo ha traído
el viejo Illán para ti;
　　mas detrás de este cancel
hay gente y podrá escucharnos.

Juan
　　　El remedio es retirarnos
al camarín.

Tristán
　　　　　Y aun en él
no sé si estaremos bien;
que en lo que me ha sucedido
con Chacón he conocido
que oyen las paredes.

Juan　　　　　　　　　Ven.

(Vanse. Salen don Enrique, con hábito de Santiago, y Lucía.)

Enrique
　　　　　Si no le ofrezco a Blanca la encomienda,
ni estimo el bien ni logro la ventura;
que mi mayor aumento es sueño vano
si no llego a alcanzar su blanca mano.

Lucía
　　Si estuviera el serviros en la mía
experiencia tenéis de mi deseo;
mas hoy no puede ser; que acaba agora
de lavarse el cabello mi señora.

Enrique
　　　¡Ay dueño hermoso! En ella considero
mientras sus hebras baña, al Sol que esconde
cuando a los mares baja occidentales
pirámides de luz en sus cristales.

¡Quién viera las estrellas en que adoro
dar brújulas de luz por nubes de oro
quién en sus rayos ensartar la aurora
las mismas perlas que naciendo llora!

Lucía   Ablandará diamantes tu terneza.
Ven a la calle, Enrique, a media noche;
que yo sacaré a Blanca a la ventana.

Enrique   En nuevo oriente se verá Diana.
Publique esta cadena, mi Lucía,
la que pones con eso al alma mía.

(Dásela.)

Lucía   Inclinas firme, y liberal obligas.

Enrique   ¿Qué seña podré hacer?

Lucía   Pararte enfrente
del balcón a las doce, solamente;
y adiós.

Enrique   Mi vida estriba en ti, Lucía.

Lucía   De mi cuidado tus intentos fía.
(Vase don Enrique.) Esto sí es negociar, y esto se llama
a Dios rogando y el dinero dando.
Por echarle de mí le prometía
Sacarle —el cielo sabe cuán sin gana
de cumplirlo— mi dueño a la ventana
y tanto obró, pagando francamente,
la promesa sin alma, que me pesa
de que fuese sin alma la promesa.

Ya mudo parecer; que el presidente
con el poder obliga solamente.
¿Qué se me sigue a mí de su grandeza?
Y más si, de ella ya desvanecido,
galán pretende ser, y no marido?
Y siendo esto imposible, nunca espero
fruto de su poder ni su dinero.

(Sale doña Blanca.)

Blanca   ¿Fuese ya?

Lucía   Sí, señora.

Blanca   ¿Qué quería?
¿Cansarme?

Lucía   Yo sospecho que venía
a ver si el presentar ante tus ojos
de roja cruz atravesado el pecho,
era con tus crueldades de provecho;
y a fe que le está bien.

Blanca   ¡Grandeza extraña!
Soberano poder del rey de España!
Sin que nada le cueste da un tesoro,
y sabe y puede hacer, solo queriendo,
la más vistosa gala de un remiendo.

Lucía   Dijo que si tu mano no alcanzaba,
ni hábitos ni encomiendas estimaba.
Mientras más sube, más humilde adora;
bien otro que el Marqués desvanecido
en quien con el honor crece el olvido.

Blanca	Conozco lo mejor, y aunque lo apruebo, elijo lo peor; que en daño mío huye la inclinación del albedrío.
Lucía	Excuséte diciendo que acababas de lavarte el cabello.
Blanca	Bien hiciste.
Lucía	Callaré lo demás; que le aborrece, y mejor al descuido y engañada la sacaré a la reja, que avisada.

(Sale Tristán.)

Tristán	Licencia no ha de aguardar quien halla abierta la puerta, y pienso que hallarla abierta es la licencia de entrar. ¡Válgate Dios, qué extremada hermosura!
Blanca	¡A Dios pluguiera, secretario, que no fuera, más que hermosa, desdichada!
Tristán	No estés triste, cuando tengo, señora, qué suplicarte.
Blanca	Con tener en que agradarte, a dejar de estarlo vengo. ¿Qué quieres?

Tristán	Hablar querría a solas, que importa así, si te sirves.
Lucía	¿Para mí hay ya secretos?
Tristán	Lucía, de dos frailes que habían sido de firme amistad y fe raro ejemplo, el uno fue por provincial elegido. A verle llegó volando muy alegre el compañero, mas detúvole el portero, y le dijo: «Está ajustando nuestro padre ciertas cuentas, vuesencia vuelva después». Y él respondió: «Desde que es Pater noster anda en cuentas». Tú, pues con pecho discreto conoces el tiempo vario, di: «Desde que es secretario, habla Tristán en secreto».
Lucía	Oblígasme a que recele, si estás solo, una traición como aquélla que a Chacón tiene en prisión.
Tristán	¿Ahí te duele?
Blanca (Retírase Lucía.)	A esa puerta te retira. Di, Tristán.

Tristán	El presidente,
	mi señor, que fuego ardiente
	en vez de aliento respira,
	pide que a solas le des
	esta noche un rato audiencia.
Blanca	¿No es más cuerdo su excelencia?
	Dile, Tristán, al Marqués
	que si amante y ambicioso
	espera verme engañada,
	yo sé resistir honrada
	lo que intenta poderoso,
	y que solamente espere
	verme a solas mi marido.
Tristán	¿Qué sabes si, reducido
	a serlo ya, hablarte quiere?
	¿Qué arriesgas en darle audiencia?
Blanca	Quien se deja a solas ver
	de un amante con poder,
	hace justa la violencia.
Tristán	Óyele en tu reja pues.
Blanca	Aun eso...
Tristán	Poco te pido.
Blanca	Si no ha de ser mi marido,
	no se serene el Marqués.
Tristán	¿Qué, pierdes en esenchalle?

103

Blanca	Otro esposo ser podría.
Tristán	Del secreto te confía.
Blanca	Ahora bien, esté en la calle a maitines.
Tristán	Déte Dios, señora, lo que mereces. ¿Qué seña?
Blanca	Toser dos veces.
Tristán	Solos vendremos los dos; y tú de esto cautamente deslumbrarás a Lucía, que publicarlo podría, está mal a un presidente.
Blanca	Bien dices.
Tristán	Oye otra cosa que quiero saber de ti.

(Hablan en secreto. Lucía habla al paño.)

Lucía (Aparte.)	(Rabiando estoy de que a mí me tenga por sospechosa. ¡De mí no hace confianza Tristán! ¿Qué mudanza es ésta? Pues si la vida me cuesta, tengo de tomar venganza.)

Tristán	Dime el autor.

Blanca
        El secreto
me encargó.

Tristán
            Fácil verán
tus ojos que no hay galán
en la corte más perfeto.

(Al irse encuentra a Lucía.)

        Lucía, ¿enojada estás?
¿No adviertes que soy mandado?
Quédate a Dios; que pasado
el enojo, me hablarás.

(Vase.)

Lucía
        ¿Qué es esto, señora mía?
¿Qué novedades han sido
las que obligarte han podido
a no fiar de Lucía!

Blanca
        Recatos del presidente,
que no culpas tuyas, son;
y puedo en esta ocasión
declararte solamente
    que celos con el Marqués
más que el amor han podido.

Lucía
        Si no ha de ser tu marido,
ni aún esperanzas le des.

(Vanse. Salen don Juan y Tristán.)

Juan	¡Tres postizos!
Tristán	Sí, señor.
Juan	¡Y pantorrillas! ¿Qué más?
Tristán	Que enfadoso aliento das.
Juan	¿Y no te dijo el autor?
Tristán	Fue imposible.
Juan	¿Que hay quien quiera tal engaño persuadir?
Tristán	Pues, señor, a no mentir el maldiciente, ¿lo fuera? Aquél es murmurador que divulga falsedades; que a quien dice las verdades lamo yo predicador.
Juan	¿Es reloj? Como lo espero, se me antoja.
Tristán	No te espantes; que el reloj de los amantes anda siempre delantero.
Juan	¿Que al fin tan resuelta ves a Blanca?
Tristán	Como has oído.

Juan   «Si no ha de ser mi marido,
no se serene el Marqués.»

Tristán   Y a fe que era buen consejo.

Juan   Si no puede haber mudanza,
quitame tú la esperanza,
y verás cómo lo dejo.

Tristán   Este zaguán ha quedado
abierto, porque te esconda
si acaso viene la ronda,
prevención de mi cuidado.

Juan   Y fue cuerda prevención;
que si la justicia da
en conocerme, será
gran daño de mi opinión.
Mas oye.

Tristán   Las doce dan.

Juan   Haz la seña.

Tristán   Vaya.

(Tose dos veces.)

Juan   Tente;
que o me engaño o viene gente.

Tristán   Pues mientras pasa, al zaguán.

(Retíranse. Sale don Enrique.)

Enrique   La soledad de la noche
anima mis esperanzas.

(Sale doña Blanca a la ventana.)

Blanca   Al reloj siguió la seña.
¡Qué puntual es quien ama!

Tristán   Uno es solo, y se ha parado
en frente de la ventana.

Blanca   Ce. ¿Sois vos, señor?

Enrique (Aparte.)   (La voz
es ésta de doña Blanca.)
¿Quién puede ser sino un cuerpo
que en tu cielo busca el alma?

Juan   ¡Vive Dios, que habla con ella!

Tristán   ¿Echarémosle?

Juan   No. Aguarda;
que sospecho que es Enrique.
Escuchemos lo que hablan.

Blanca   De la merced que os ha hecho
su majestad deseaba
daros un gran parabién.

Juan   Enrique es, y doña Blanca
de la encomienda le da

el parabién.

Enrique
          Todo es nada
mientras en tálamo alegre
no toco esa mano blanca.

Blanca
    Si estáis en eso resuelto,
yo lo estoy también.

Enrique
           Mi alma
en fe de esperarlo vive.

Blanca (Aparte.)
  (Declaróse. ¡Dicha extraña!
¡Oh, lo que pueden los celos!)

Enrique (Aparte.)
    (¡Oh lo que un hábito alcanza!)

Juan
    ¿Que tal escucho? No puedo
sufrirlo. Echémosle.

Tristán
          Aguarda,
no salgas tú; que yo solo
le echaré con una traza.
¡Ah caballero!

(Llégase a don Enrique.)

Enrique
         ¿Quién es?

Tristán
    ¿Es acaso vuestra casa
por aquí?

Enrique
        Pues, ¿qué os importa?

Tristán	¿Es don Enrique de Vargas; que en la voz le reconozco?
Enrique	¿Es Tristán?
Tristán	Es quien os anda a estas horas a buscar, porque el presidente os llama para un negocio importante, tan de priesa, que me manda que antes de acostarme os hallo y él, desvelado, os aguarda.
Enrique	Id delante, secretario; que ya os sigo.
Blanca	¡Ay desdichada!
Enrique	Adiós, mi bien. ¿No respondes? Quitóse de la ventana.

(Vanse don Enrique y Tristán.)

Blanca	¡Que por el Marqués le hablase!
Juan	¿Estás en la reja, Blanca?
Blanca	¿Es el Marqués?
Juan	Enemiga, es quien oyó lo que hablabas con don Enrique. Cruel, ¿a cuál de los dos engañas?

Blanca	Oye, señor.
Juan	¿Esto haces cuando de obligarme tratas? ¡Con quien abre a un escudero a tal hora la ventana, quieres que se case un grande? ¿Ves mi razón? ¿Ves tu infamia?
Blanca	Si a la seña que te di salí, y pensando que hablaba contigo, hablé con Enrique, ¿qué me culpas de liviana?
Juan	Pues si engañada saliste, huyeras desengañada.
Blanca	No lo estuve hasta que habló Tristón con Enrique.
Juan	¡Ah falsa! Puesto que la norabuena de la encomienda le dabas, bien conociste quien era.
Blanca	¿Yo dije encomienda? Calla. Para negar mis verdades, no me trueques las palabras. «De la merced que os ha hecho su majestad deseaba daros ya la enhorabuena» ¿no le dije?
Juan	Y eso, ingrata,

¿no es lo mismo?

Blanca

No es lo mismo;
que a ti el parabién te daba
de la presidencia.

Juan

¿Cómo?
¿Es posible que en el habla
no le conocieses?

Blanca

No;
digo que no, y esto hasta;
mas ¿qué doy satisfacciones?
¿Has de ser mi esposo? ¿Callas?

Juan

Cuando tales cosas veo...

Blanca

Estas cosas no te dañan
no tomes falsa ocasión
para encubrir tus mudanzas;
que cuando fuera verdad
que a don Enrique escuchara,
quien para esposo pretende,
ni te ofende ni te infama.
Aquí te has de resolver,
sin que te quede esperanza
si la mano no me das,
de verme jamás la cara.
¿Callas? Vete.

Juan

Blanca, escucha.
Mucho aprietas; no me amas,
pues solo tu bien procuras
y en mi daño no reparas.

Yo pretendo ser tu esposo,
de ello te daré palabra;
mas agora, cuando ves
tan reciente mi privanza,
puesto de ayer en mis hombros
todo el gobierno de España,
¿quieres que todo lo arriesgue
con una acción tan liviana
como casar por amores
con quien...? Perdóname, Blanca;
que es muy desigual tu estado,
aunque en nobleza me igualas.

Blanca   Calla, falso. pues si agora
por desigual no te casas,
¿No me quebrarás también
por desigual la palabra?
¿No sé yo cómo las cumplen
los que tu poder alcanzan?
Vete con Dios. No aventures
Tu oficio y del rey la gracia;
que un rey te puede faltar,
y no mil hermosas damas.

Juan   Blanca, escucha.

Blanca   ¿Qué me quieres?
¿Eres mi esposo?

Juan   Oye, Blanca

Blanca   Si no dices: «Soy tu esposo»,
no digas otra palabra.

Juan	Terrible estás de resuelta.
Blanca	Estoy resuelta, de honrada, a escuchar solo a mi esposo a tal hora a la ventana.

(Vase.)

Juan	¡Ah, enemiga! ¡Vive el cielo, pues tan resuelta me agravias, que ni te has de ver conmigo ni con Enrique casada! Pues tú mi afición desprecias, salga la tuya del alma. En rabia trueco el amor, y los celos en venganzas.

(Vase. Salen Tristán y tres pretendientes, con memoriales.)

Pretendiente I	Merezca en esta ocasión que vusted, como quien es, me ayude con el Marqués.
Tristán	¿Qué pide?
Pretendiente I	Una comisión.
Tristán	¿Qué?
Pretendiente I	Comisión.
Tristán	Bien está. ¿Fuera de aquí?

Pretendiente I	En Zaragoza.
Tristán	¿Casado?
Pretendiente I	Con mujer moza y hermosa.
Tristán	Negociará.

(Vase el Pretendiente I.)

Pretendiente II	Para que una plaza alcance o el uno de estos oficios, me dad favor.
Tristán	¿Qué servicios?
Pretendiente II	He escrito un libro en romance.
Tristán	¿Qué?
Pretendiente II	En romance.
Tristán	Bien está.
Pretendiente II	Y también fui traductor de uno italiano, señor.
Tristán	Señor, no negociará.

(Vase el Pretendiente II.)

Pretendiente III	¿Qué hay de mi negocio?

Tristán	Ayer dijo el Marqués, mi señor, que mostréis vuestro valor, si capitán queréis ser.
Pretendiente III	Pues, ¿no ha bastado a mostrarlo este talle, esta presencia?
Tristán	Acá tiene su excelencia rocines de mejor talle.
Pretendiente III	Señor, si favor me da, y negocio le daré de albricias mil doblas.
Tristán	¿Qué?
Pretendiente III	Mil doblas.
Tristán	Negociará.

(Vase el Pretendiente III. Salen doña Blanca, con manto, don Illán, y don Enrique.)

Enrique	A las dos de la mañana, que hasta entonces me tuvieron en la antesala esperando...
Blanca (Aparte.)	(Yo fui causa de ese efeto.)
Enrique	...entrarme mandó el Marqués, y me recibió diciendo: «Asistente de Sevilla su majestad os ha hecho,

y conviene a su servicio
que os partáis, Enrique, luego,
esperando cada día
más venturosos aumentos.
Por la mañana venid
por los despachos.» Con esto
le dejé, y a despedirme
agora a su casa vuelvo.
Mas, hermosa doña Blanca,
si la bendición no llevo
de esa mano, y de esa boca
un «sí» no alcanzo primero,
pensad que voy a morir,
no a mandar, porque ni tengo
más vida que la esperanza,
ni más muerte que el deseo.

Illán   Vueseñoría, señor,
goce tan altos aumentos
mil años. Blanca, que ve
lo mucho que gana en ello,
pagando vuestras finezas,
cumplirá vuestros intentos,

Enrique   Vos, Blanca, ¿no respondes?

Blanca (Aparte.)   (¡¡Ay de mí!!)

Illán   Su estado honesto
la refrena; mas fiad
que del negocio a que vengo
su resolución resulte;
que no ha sido sin misterio
el traerla donde veis.

Enrique	¿Qué es esto, sagrados cielos?
	En cas del Marqués entráis,
	y puede ser de provecho
	a mi intento esta venida!
Illán	Don Enrique, yo me entiendo.
Tristán	Su excelencia viene, ¡plaza!

(Sale don Juan.)

Juan	Señor don Illán, ¿qué es esto?
	¿Es doña Blanca?
Illán	Señor,
	ella misma.
Juan	Pues ¿qué exceso
	es éste, Blanca?
Blanca	A mi padre,
	que me ha traído, obedezco.
Illán	Como engaños de la corte
	y desengaños del tiempo
	han dado a mis esperanzas
	tan notorios escarmientos;
	como tantas dilaciones
	y tantas excusas veo
	en dar a vuestras promesas
	el debido cumplimiento,
	en que mostráis que o fingidas
	al tiempo de hacerlas fueron,

o la mudanza de estado
os mudó los pensamientos,
pues por postrer desengaño
todas las plazas salieron,
sin ser Melchor proveído
o consultado a lo menos;
a dejar las pretensiones
y dar la vuelta a Toledo
resueltos los dos venimos,
a alcanzar de vos primero
que nos deis, señor licencia.

(Aparte don Juan y Tristán.)

Juan   ¿Entiendes, Tristán?

Tristán   Ya entiendo.

Juan (Aparte.)   (Con la ausencia me amenazan
por obligarme con eso
a casarme; mas saldráles
al revés el pensamiento.
Aquí me pienso vengar
de altiveces con desprecios,
de desprecios con desdenes,
y con rigores de celos.)
Para obligar superiores,
Illán, no es modo discreto
indignarles querellosos,
y descortés ofenderlos.
Si no cumplí mis promesas,
debiérades, si sois cuerdo,
atribuirlo a que en vos
faltan los merecimientos;

y no motejar a quien
debéis tan justo respeto,
de fingido y de mudable
con tan libre atrevimiento.
Id a Toledo; que yo
no solamente no quiero
aprender de vos la magia,
mas antes, según me ofendo,
me agradeced que no os hago
castigar por hechicero.

Blanca   ¿Qué escucho?

Illán   Bastante prueba
De tu ingratitud he hecho.
Los caracteres deshago.

(Borra unas letras en un papel.)

Juan   ¿Qué es esto?

(Sale Pérez.)

Pérez   El Hijo del Fuego
guarda ya aderezado
a competir con el viento.

Juan   ¿Qué Hijo del Fuego?

Pérez   El caballo
a quien poner aderezo
de jineta me mandastes.

Juan   Pues, ¿dónde estoy?

Illán	En Toledo, en mi casa y en mi estudio.
Juan	¿Cómo puede ser?
Tristán	¿Qué es esto, que me he tornado en lacayo?
Illán	¿Luego tuvistes por cierto ser Marqués y presidente y privado? Todas fueron fantásticas ilusiones, que en solo un hora de tiempo que tardó en aderezar Pérez el Hijo del Fuego, os representó mi ciencia sin salir de este aposento, para conocer así las verdades de dos pechos. Vos le mostrastes tan vano, tan ingrato y tan soberbio, que llegastes a querer castigarme por lo mesmo que me pedís que os enseñe. Idos con Dios; que ni quiero enseñaros, ni mi hija, que ha visto vuestros desprecios y las finezas de Enrique, querrá por vos ofenderlo.
Blanca	Claro está; porque trocar u amante verdadero a un desvanecido ingrato

fuera estar falta de seso.

Illán   Vivas mil años. Enrique,
llegad. ¿Qué esperáis con esto?

Enrique   Tan alto es el bien que alcanzo,
noble don Illán, que pienso
que el encanto es lo presente,
y lo pasado lo cierto.
Dadme, señora, la mano,
y creed que fuera vuestro,
como encantado asistente,
del mundo rey verdadero.

Blanca   La mano os doy.

Juan   Tente, Blanca.

Tristán   Arrojóse pues: ¿qué haremos?

Juan   De suerte estoy de corrido...

Tristán   ¿Qué quieres? ¿Echar un reto?
Tú lo pecaste.

Juan   Bien dices
callar y ausentarme quiero;
que de un corrido culpado
éste es el mejor remedio.

Tristán   Lucía, ¿hay misericordia,
o me voy?

Illán   Yo por lo menos,

porque secreto has guardado,
te he de servir de tercero.
Yo debo cincuenta doblas
de albricias de este suceso
a Lucía, y si se casa
contigo, le daré ciento.

Tristán   ¿Qué le dices?

Lucía   Tuya soy.

Tristán   Seré el lacayo primero
que se casa en la comedia
no casándose su dueño.
Esta verdadera historia,
senado ilustre y discreto,
cuenta el Conde Lucanor
de un mágico de Toledo.

Fin de la comedia

Libros a la carta

A la carta es un servicio especializado para
empresas,
librerías,
bibliotecas,
editoriales
y centros de enseñanza;
y permite confeccionar libros que, por su formato y concepción, sirven a los propósitos más específicos de estas instituciones.

Las empresas nos encargan ediciones personalizadas para marketing editorial o para regalos institucionales. Y los interesados solicitan, a título personal, ediciones antiguas, o no disponibles en el mercado; y las acompañan con notas y comentarios críticos.

Las ediciones tienen como apoyo un libro de estilo con todo tipo de referencias sobre los criterios de tratamiento tipográfico aplicados a nuestros libros que puede ser consultado en Linkgua-ediciones.com.

Linkgua edita por encargo diferentes versiones de una misma obra con distintos tratamientos ortotipográficos (actualizaciones de carácter divulgativo de un clásico, o versiones estrictamente fieles a la edición original de referencia).

Este servicio de ediciones a la carta le permitirá, si usted se dedica a la enseñanza, tener una forma de hacer pública su interpretación de un texto y, sobre una versión digitalizada «base», usted podrá introducir interpretaciones del texto fuente. Es un tópico que los profesores denuncien en clase los desmanes de una edición, o vayan comentando errores de interpretación de un texto y esta es una solución útil a esa necesidad del mundo académico.

Asimismo publicamos de manera sistemática, en un mismo catálogo, tesis doctorales y actas de congresos académicos, que son distribuidas a través de nuestra Web.

El servicio de «libros a la carta» funciona de dos formas.

1. Tenemos un fondo de libros digitalizados que usted puede personalizar en tiradas de al menos cinco ejemplares. Estas personalizaciones pueden ser de todo tipo: añadir notas de clase para uso de un grupo de estudiantes, introducir logos corporativos para uso con fines de marketing empresarial, etc. etc.

2. Buscamos libros descatalogados de otras editoriales y los reeditamos en tiradas cortas a petición de un cliente.